LOS JARDINES DE LA ABUELA

Hillary Rodham Clinton y Chelsea Clinton

Ilustraciones de
Carme Lemniscates

Traducción de
Teresa Mlawer

PHILOMEL BOOKS

A **Abuela Dorothy** le gustaban mucho los jardines. Le encantaban las flores. Le encantaban los árboles. Amaba a todos los animalitos que vivían en la tierra y entre las plantas. Y atesoraba el tiempo que pasábamos juntas en el jardín. Por eso, gracias a ella, a nosotras también nos gustan los jardines.

Recuerdo bailar por todo el césped
con una luz de Bengala en cada mano.

Recuerdo cortar en trozos los tomates
que acabábamos de recoger del huerto
para la comida del 4 de julio.

Los jardines son lugares para celebrar.

Recuerdo sentirme muy orgullosa cuando Abuela me pidió que la ayudara a cuidar sus azaleas.

No estoy segura de cuál de las dos, Chelsea o mi madre, disfrutaba más de cuidar del jardín juntas.

Los jardines nos enseñan responsabilidad.

Cuando Abuela nos hablaba de los jardines que había visitado en Marruecos, me daban ganas de visitarlos yo también.

Me sentí feliz de que mi madre, más adelante en su vida, tuviera la oportunidad de viajar, de disfrutar de interesantes aventuras y de visitar preciosos jardines.

Los jardines son lugares de descubrimiento.

Me encantaba leer con mi abuela en el porche, rodeadas de sus girasoles, mientras en la distancia escuchábamos a los animales del zoológico cercano a la casa.

Con frecuencia leían el mismo libro
de su club de lectura para dos —o tres
si leíamos todas juntas.

Los jardines son lugares de aprendizaje.

En Arkansas y en Washington D. C., visitábamos con frecuencia el zoológico. Abuela siempre me mostraba los árboles y las plantas donde los animales se sentaban, se mecían o comían.

Gracias a mi madre, Chelsea aprendió lo importante que son los jardines para los animales, tanto para las orugas del patio de la casa como para los pandas del zoológico.

Los jardines son los hogares de criaturas grandes y pequeñas.

Me encantaba escuchar a mi mamá y a mi abuela conversar acerca de los lugares del mundo de donde proceden nuestros alimentos, incluyendo los de nuestro propio huerto.

De pequeña, recuerdo que mi mamá me explicaba que algunas de mis frutas preferidas, como los melocotones, eran muy especiales porque crecían solo durante los meses de verano.

Los huertos nos dan alimento.

Cuando Abuela se fue a vivir con
mis padres, me encantaba visitarlos
con frecuencia, y que me contaran
cómo crecían el huerto y el jardín.

Una vez que mi madre vino a vivir con nosotros, tuvimos más tiempo para planificar nuestro jardín, cuidar de los árboles, plantas y flores, y observar a los pájaros.

Los jardines son para crear belleza.

Cuando visitaba a mi abuela, me encantaba mostrarle fotos de los jardines en los que yo había estado. Siempre que podía, traía libros de jardines para compartirlos con ella; su sonrisa compensaba el peso de la maleta.

En mis viajes alrededor del mundo, trataba de retener las imágenes de los jardines, plantas y árboles para que mi madre también disfrutara de la experiencia. Me encantaba compartir con ella esos recuerdos.

Los jardines son espacios para compartir historias.

ÁRBOLES

Mi abuela cuidó de su jardín hasta pasados los noventa años. Aunque sabía que era algo bueno para ella, no lo hacía por esa razón, sino porque le gustaba.

Ver a mi madre cuidar y disfrutar de nuestro jardín me hacía sentir tan feliz como a ella.

Los jardines nos ayudan a mantenernos fuertes.

Un día especialmente mágico, Abuela y yo fuimos
a visitar Mount Vernon, la casa de George Washington
y sus maravillosos jardines. Cómo me hubiese gustado
haber podido visitar más jardines juntas.

Mi madre y yo solíamos visitar la histórica mansión
Dumbarton Oaks, cerca de nuestra casa en Washington
D. C., para pasear por sus jardines y saber más sobre
la familia que allí residió. Cómo me hubiese gustado
haber podido visitar más jardines juntas.

*Los jardines son lugares para
sembrar recuerdos.*

Ahora mis hijos cuidan del jardín con su abuela, y sé que Abuela Dorothy está presente cada vez que sembramos alguna verdura o regamos una flor.

Me siento muy cerca de mi madre cuando le explico
a Charlotte y a Aidan cómo usar una pequeña pala,
la profundidad a la que se debe enterrar una semilla
o la cantidad de agua que necesitan las plantas.

Los jardines nos conectan
a través de generaciones.

Abuela siempre estaba dispuesta a jugar a «atrápame si puedes», a la pelota o al escondite en el jardín. Estoy segura de que se divertía tanto como yo.

Hoy, cuando veo a mis nietos correr por el jardín, dar vueltas alrededor de los árboles o detenerse a oler las flores, mi corazón sonríe.

Los jardines son lugares para recordar.

DOROTHY

Nuestra querida Abuela Dorothy creía que debíamos ser agradecidos por todas las bendiciones recibidas, y que debíamos esforzarnos por ampliar el círculo de gracia. Ha sido una bendición que ella haya compartido con nosotras su amor por los jardines y huertos para así nosotras poder compartir ese amor con una nueva generación.

¿Qué compartes tú con las personas a las que quieres?

PHILOMEL BOOKS
An imprint of Penguin Random House LLC, New York

First published in the United States of America by Philomel Books,
an imprint of Penguin Random House LLC, 2020

Visit us online at penguinrandomhouse.com

Library of Congress Cataloging-in-Publication Data is available.
Manufactured in China by RR Donnelley Asia Printing Solutions Ltd.
ISBN 9780593115381

1 3 5 7 9 10 8 6 4 2

Edited by Jill Santopolo. Design by Ellice M. Lee.
Text set in Granjon. The illustrations were done in mixed media.

A las abuelas, nietos y jardineros de todo el mundo.
—H.R.C. y C.C.